USINE A GAZ D'AJACCIO

Éclairage --- Chauffage --- Force Motrice

Notions sur l'emploi du Gaz

RABAIS SUR LE PRIX DU GAZ

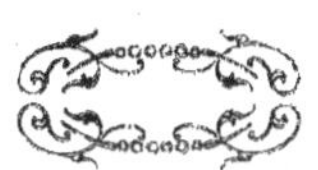

AJACCIO

IMPRIMERIE JOSEPH POMPEANI

1883

Déposé le 24 Avril 1883

USINE A GAZ D'AJACCIO

Éclairage --- Chauffage --- Force Motrice

Notions sur l'emploi du Gaz

RABAIS SUR LE PRIX DU GAZ

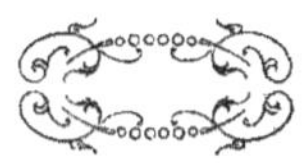

AJACCIO

IMPRIMERIE JOSEPH POMPEANI

1883

ECLAIRAGE AU GAZ.

Comparaison de sa lumière avec les autres systèmes d'éclairage.

Il est incontestable, que sous le rapport du pouvoir éclairant et du prix ; le GAZ l'emporte sur tous les autres modes d'éclairage.

Il résulte de toutes les expériences photométriques qui ont été faites, que pour égaler le pouvoir éclairant du gaz brûlé par un bec cylindrique, coûtant par heure.. 0f 042

Il faut dépenser en pétrole de 1re *qualité*........................ 0f 058

en huile épurée............................... 0f 090

en chandelle de suif........................... 0f 205

en bougie stéarique 1re qualité................. 0f 329

Par ces divers calculs, on constate évidemment, que l'emploi du GAZ comme agent de lumière, donne une économie toujours sensible, parfois considérable, sur tous les autres modes d'éclairage.

Après de pareilles raisons d'économie qui militent en faveur de *l'Eclairage au Gaz*, faut-il encore arguer des raisons de propreté, de régularité de lumière, d'économie de temps ? raisons qui ont bien leur prix.

Sous le rapport de la propreté, quoi de plus propre que le Gaz ? Pas de taches à craindre comme avec le pétrole, l'huile, la bougie ou le suif ; pas de lampes renversées, pas de coulage, point de fumée, pas de détournements possibles comme avec les autres matières d'éclairage, plus de linges malpropres pour le service et le nettoyage des lampes, pas d'odeurs infectes comme celles que répand le pétrole, même lorsqu'il ne brûle pas !

Quelle lumière est plus régulière que celle du *Gaz ?* Celle des lampes n'est stable que pendant les premiers instants de l'éclairage, il faut bientôt régler la mèche, corriger la position du verre ; autrement la lumière est rouge, la lampe file, l'odeur vous prend à la gorge, les peintures sont noircies, la mèche charbonne ou brûle inégalement ; alors la lumière diminue ou s'éteint bientôt ; les verres se brisent, etc, etc..

Quant à l'économie de temps, elle est aussi incontestable : avec le *Gaz*, pas de lampes à préparer, pas d'approvisionnements d'huile ou de pétrole à conserver avec tous les risques de pertes et d'incendie, plus de temps perdu pour attendre le placement et l'allumage des lampes ; au lieu de cela, une instantanéité étonnante, tant à l'allumage qu'à l'extinction. Pas de chances d'incendie ou de blessures, souvent très graves, occasionnées par le pétrole défectueux ou par la chute d'une lampe.

On objectera que les becs de Gaz étant placés à demeure, si l'on a besoin de changer la lumière de place, on est forcé d'avoir recours à un autre mode d'Eclairage.

Il est bien facile de changer de place un bec de Gaz tout allumé ; il suffit de relier l'appareil au tuyau de conduite, par un tube en caoutchouc de 2 ou 4 mètres de longueur, on pourra ainsi manœuvrer la lumière sur un espace de 4 à 8 mètres de diamètre.

On ne saurait donc faire aucune objection sérieuse à l'emploi du Gaz, comme agent d'Eclairage, et depuis longtemps, en Angleterre et en Allemagne ; les habitations, même les plus modestes, sont éclairées et chauffées par le Gaz.

Notions sur l'emploi du Gaz.

Au nombre des notions à la connaissance desquelles le public et peu initié, il en est une qui a pour but : l'étude de la consommation du Gaz au moyen des divers brûleurs usités et de l'intensité de la lumière que l'on peut obtenir de chacun d'eux avec la même dépense.

Savoir régler la consommation du Gaz, d'après l'usage que l'on doit faire de la lumière, est l'un des points les plus importants sous le rapport de l'économie.

En ceci, comme en toute autre chose, entretenir l'ignorance du public, serait poser une barrière infranchissable aux progrès de l'Industrie ; l'éclairer sur ses véritables intérêts ; c'est au contraire, vulgariser l'application des produits de l'Industrie du Gaz.

Sans doute, le public n'ignore pas, que l'on consomme le gaz au moyen de brûleurs de diverses formes. Il a constamment sous les yeux les becs cylindriques dans les magasins, les becs fendus dits *(papillons)* sur les voies publiques. Il sait bien que la quantité de gaz, consommée par ces divers becs, peut ne pas être la même ; mais ce qu'il ignore, c'est le rapport qui existe, non seulement entre ces becs, mais encore entre l'intensité de lumière qu'ils fournissent à *consommation égale ;* il s'imagine qu'il lui suffit de prendre un bec de dimensions moindres pour obtenir une diminution de lumière et de consommation égale à la différence qui existe entre les becs ; mais il lui arrive souvent, d'obtenir, avec une diminution de lumière *plus grande* que celle prévue, une augmentation dans la *consommation du Gaz !*

Alors ne sachant comment résoudre le problème qu'il s'est posé dans un désir d'économie ; il se résigne à une dépense inutile, ou il supprime le Gaz, comme trop dispendieux.

Etudes sur les becs. Résultats comparatifs.

Il est donc nécessaire de lui fournir à cet égard tous les renseignements de nature à le familiariser avec l'usage du gaz comme il l'est avec les autres modes d'éclairage.

Il résulte de nombreuses expériences que le bec le plus avantageux, et le seul à adopter dans les magasins, cafés ; et en un mot à l'intérieur des habitations, c'est le *bec cylindrique intensif* percé de 36 gros jets.

Muni d'un régulateur, ce bec fournit une flamme toujours égale, quelles que soient les variations de la pression dans les conduites principales ; il ne dépense que la quantité normale de gaz que l'on a fixée une fois pour toutes ; et son pouvoir éclairant est égal à celui de *20 bougies* pour une consommation de 20 litres à l'heure. (Le prix de ce bec, breveté, est fixé à 5 francs).

Le bec fendu dit *(papillon)* est moins avantageux ; outre les solutions de continuité qu'offre sa flamme quand le brûleur n'est pas entretenu avec le plus grand soin ; le gaz sort avec trop d'impétuosité pour que le carbone soit entièrement brûlé ; on corrige, en partie, ce défaut en employant le Régulateur ; mais il est impossible d'obtenir avec ce bec une intensité lumineuse aussi forte qu'avec le bec cylindrique. Le bec fendu dit *(papillon)* ne donne qu'un pouvoir éclairant de *12 bougies* pour une dépense de *200 litres*, et si la fente du bec que l'on a choisi, est trop étroite, le pouvoir éclairant est encore plus faible.

Comme on le voit, *le même gaz* brûlé dans des becs de forme différente, produit un éclairage qui diminue presque de moitié avec la même dépense.

En voici quelques exemples :

Le bec cylindrique de 200 litres éclairant comme *20 bougies*, il faut brûler avec ce bec, *10 litres* de gaz pour égaler *une bougie.*

Le bec cylindrique de 120 litres éclairant comme *9 bougies 51* il faut brûler avec ce bec *12 litres 618* pour égaler une bougie.

Le papillon de 200 litres éclairant comme 12 bougies 02 il faut brûler avec ce bec, *16 litres 639* pour égaler *une bougie.*

Le papillon de 100 litres éclairant comme *5 bougies 58* il faut brûler avec ce bec *17 litres 920* pour égaler une bougie.

Régulateur de la dépense du Gaz

Le *Régulateur* est l'un des accessoires les plus indispensables pour obtenir un bon éclairage. Cet appareil n'est point préconisé par les Cies de Gaz du Continent, parce qu'elles ne veulent pas fournir à leur clientèle, le moyen de réduire la dépense de Gaz. Nous croyons qu'en agissant ainsi, elles compromettent leurs intérêts.

En effet, l'emploi du Régulateur, dont la fonction est de ne laisser parvenir le gaz aux brûleurs que sous une pression constante et uniforme, met le Consommateur à l'abri des variations de pression, occasionnées par le service des lanternes publiques ; il empêche les brûleurs de produire une flamme fuligineuse, il supplée en un mot, à la négligence du Consommateur. L'adoption du Régulateur apporte donc à celui-ci, une économie réelle dans sa dépense de gaz. (Le prix du Régulateur est fixé à six francs).

En résumé, il en est du gaz comme de l'huile ; ce n'est pas tout de le brûler, il faut le faire dans des conditions convenables. Prenez la meilleure lampe et le meilleure huile, si vous réglez mal la mèche ou la cheminée, vous n'avez pas une lumière suffisante, ou la lampe fume ; est-ce la faute de la lampe, ou de l'huile ?

Avec le gaz, il faut choisir de bons becs, et savoir les régler. Tous servent à brûler le gaz sans doute ; mais ils diffèrent essentiellement dans la quantité de lumière qu'ils donnent *à consommation égale.*

Compteur mesurage du Gaz.

En ce qui touche le mesurage du gaz, l'ignorance du public est encore tellement grande, que malgré l'usage prolongé qu'il fait du COMPTEUR, il n'est pas rare d'entendre des gens, qui se croient intelligents, accuser le compteur, lorsque leur dépense de gaz est augmentée ; or, accuser à la légère l'instrument de mesurage contrôlé et poinçonné, c'est faire peser gratuitement sur l'Administration du Gaz, une accusation de fraude, dont elle est innocente ; c'est ce qu'il importe de démontrer.

Le *Gaz*, ou plutôt la lumière, est une marchandise, le *Compteur* sert à mesurer ce fluide invisible ; comme une balance et des poids servent à peser les marchandises solides, comme un litre sert à mesurer celles liquides.

Le Gaz d'éclairage, étant un corps aériforme, incolore et d'une facile effusion dans l'atmosphère ; il fallait chercher à combiner un instrument qui opérat le mesurage dans un appareil complétement clos, tout en laissant voir le résultat de l'opération. C'est ainsi que l'on a adopté le *Compteur*, actuellement en usage dans toutes les villes du monde.

Cet instrument de construction simple, solide et parfaite, est un agent aussi impartial, que les poids et les mesures en usage ; car il est comme ceux-ci, controlé et poinçonné par les Vérificateurs officiels, avant d'être livré aux usines à gaz.

La source du mouvement imprimé au cylindre intérieur du compteur, est le gaz lui-même ; le cylindre ne peut fonctionner, sans que le consommateur donne passage au gaz. L'axe du cylindre se prolonge au travers la façade du compteur, et donne le mouvement à une série de roues semblables à celles des horloges. Par une aiguille ajustée au pivot de chacune de ces roues, sur chaque cadran ; le gaz est compté suivant sa mesure, en mètres cubes. Les cadrans indiquent les unités, dizaines, centaines. Les Consommateurs peuvent donc se rendre compte de leur dépense de gaz. Le cadran des unités se lit de droite à gauche ; celui des dizaines de gauche à droite ; celui des centaines de droite à gauche.

Chaque division du cadran des unités indiquant 1 mètre ; il en résulte que lorsque l'aiguille de ce dernier cadran a fait le tour complet ; celle des dizaines a avancé d'un chiffre ; et quand celle des dizaines a fait une révolution complète, celle du cadran des centaines a avancé d'un chiffre, de sorte qu'il y a eu dix révolutions complètes au cadran des unités.

Relevé des indications du Compteur.

Pour lire l'Index, et prendre note de ses indications, voici l'opération à faire : On écrit au dessous de chaque cadran le chiffre qui dans l'ordre de la numération sera placé *avant* l'aiguille ; et ce en commençant par le cadran des centaines. Si, par exemple, l'aiguille des centaines se trouve entre 1 et 2, celle des dizaines entre 7 et 6, celle des unités entre 7 et 8 ; on écrira, cadran des centaines 1, des dizaines 6, des unités 7 ; total 167 mètres.

Si, après un mois, on trouve que l'aiguille des centaines a passé le chiffre 3, celle des dizaines le 0, celle des unités 8 ; on écrira : cadran des centaines 3, cadran des dizaines 0, cadran des unités 8 ; total 308 mètres ; déduisant de ce chiffre, celui 167 indiqué précédemment ; on trouvera que la consommation a été de 141 mètres depuis le relevé du dernier index. Il est bon de remarquer que l'on ne doit compter les chiffres vers lesquelles l'aiguille est tournée, que lorsque l'aiguille du cadran précédent a accompli sa révolution. Même règle à cet égard, que pour les horloges et les montres.

Le fonctionnement régulier, la mesure exacte, la conservation en bon état du

Compteur ; doivent être assurés, par la régularisation du niveau de l'eau qui a été introduite dans le Compteur. C'est dans ce but, que les Agents de l'usine à gaz, sont tenus de vérifier aussi souvent que possible, le niveau de l'eau ; afin de le rétablir lorsque par son passage dans l'instrument, le gaz a enlevé une certaine quantité de liquide.

Nous croyons avoir résumé, aussi clairement que possible, les principaux éléments, indispensables à connaître ; pour apprécier les avantages de l'Eclairage au gaz comparé à tous les autres modes ; nous ajouterons que l'Administration de l'usine à gaz, est toujours disposée à fournir toutes autres explications, aux personnes qui lui en feront la demande.

Elle tient à la disposition du public les appareils de démonstration du fonctionnement des compteurs.

Eclairage Public. Prix du Gaz.

On connait à Ajaccio le contrat d'éclairage passé en 1876 entre l'ancienne Compagnie et l'Administration municipale. Ce contrat, fixe le prix du gaz pour *l'éclairage public* à 0 fr. 27 le mètre cube, y compris tous les frais d'amortissement, main d'œuvre et autres, nécessaires pour ce service. Ce prix est onéreux, il constitue pour l'Entrepreneur une lourde charge, car la dépense annuelle d'éclairage ne répond nullement aux prévisions sur lesquelles il avait été basé.

Eclairage des Particuliers. Prix du Gaz. Rabais.

En ce qui touche *l'Eclairage des particuliers* le contrat a fixé le prix du mètre cube à 0 fr. 42, pour toute la durée de ce contrat. Ce prix est bien inférieur à celui de Bastia et des autres villes du Continent, d'importance égale ou même supérieure à celle d'Ajaccio.

Cependant les consommateurs ayant exprimé depuis longtemps le désir d'obtenir un rabais sur ce prix.

Nous avons étudié avec attention les voies et moyens de satisfaire leurs désirs, et nous pouvons maintenant offrir à nos clients sérieux une réduction considérable à partir du 1er juillet 1883.

Nous ne nous adresserons pas aux personnes qui brûleraient le gaz sans pouvoir le payer, et pour lesquelles il est plus facile de débourser chaque jour quelques sous, pour le pétrole ou la chandelle nécessaire à leur mauvais luminaire ; que de solder à la fin de chaque mois une quittance de gaz de quelques francs. Avec les gens de cette catégorie tous les contrats, comme tous les rabais seraient inutiles.

Conditions des nouvelles Polices.

Pour rendre possible un abaissement notable du prix du gaz :

Nous avons combiné avec nos fournisseurs de charbon, des marchés à livrer pour un temps plus ou moins long, en échange d'une réduction de prix, proportionnelle, à la durée des marchés, et à l'importance des livraisons.

Nous avons également combiné des marchés pour la vente du coke, et autres produits de l'usine, et nous avons obtenu des conditions proportionnelles à leur durée, également aussi avantageuses.

Il en résultera pour nous, un abaissement du prix de revient du gaz ; et c'est cet abaissement, qui nous permettra de donner satisfaction, *aux consommateurs qui signeront des contrats de cinq ans au moins.*

Il est facile de comprendre que ce n'est qu'avec la certitude de vendre pendant un certain nombre d'années les marchandises fabriquées ou extraites, que le vendeur peut en abaisser le prix.

Le prix du gaz sera donc réduit de SEPT CENTIMES, *c'est-à-dire à 0 fr. 35 le mètre cube au lieu de 0 fr. 42 à partir du 1er juillet 1883, pour toutes les personnes solvables; qui, à cette époque, auront signé la nouvelle police d'abonnement pour cinq ans au moins.*

CUISINE, CHAUFFAGE & MOTEURS A GAZ.

Cet abaissement considérable du prix de vente du Gaz, permettra de l'employer désormais avec une grande économie au CHAUFFAGE DES CUISINES, aux USAGES INDUSTRIELS, et de l'utiliser comme FORCE MOTRICE.

Cuisine au Gaz.

Pour faire comprendre les avantages du Gaz sous le rapport culinaire, entrons dans une cuisine, et comparons :

Voilà le fourneau antique, trois ou quatre foyers placés sous une vaste hotte, on allume le feu ; voici la caisse à charbon, la braise, les copeaux, les pincettes tout l'attirail encombrant et malpropre du chauffage ordinaire ; on met le charbon de bois, les copeaux dans un foyer, on allume ; pour activer le tirage, car ces foyers tirent mal, il faut ouvrir les portes et fenêtres, pour éviter la fumée ; enfin, à grands renforts de soufflet le feu est allumé. Vous placez dessus, l'ustensile qui contient la préparation à faire cuire. Si le feu se ralentit, il faut souffler encore ; une poussière blanche s'élève du foyer, recouvre tout ce qui est sur le fourneau, et vient ajouter son assaisonnement à celui des mets, parfois le charbon se tasse en brûlant, le récipient perd l'équilibre, le contenu déjà mêlé de poussière, se déverse sur le foyer, le feu s'éteint ou produit des odeurs infectes. Bref, la cuisine au charbon de bois, et les procédés actuels, ont des désagréments sans nombre ; ils demandent beaucoup de soins et de main d'œuvre, sans compter que l'on perd le charbon qui reste allumé quand on n'a plus besoin de feu.

Voyons maintenant ce qu'il faut pour une *Cuisine au Gaz :* Ou, vous avez un appareil à plusieurs fins, ou vous avez plusieurs petits foyers mobiles.

Ici, plus de charbon, de cendres, de pincettes ; rien de cet attirail ordinaire. Vous voulez allumer ? Vous ouvrez le robinet de Gaz et vous approchez une allumette, voila du feu tout de suite et en quantité suffisante ; vous voulez plus de flamme ? vous ouvrez un peu plus le robinet et tout est dit. Le mets est cuit : il faut éteindre, vous fermez le robinet. Vous faut-il du feu la nuit pour préparer immmédiatement de la tisane, de l'eau chaude, du café, un potage, le Gaz est toujours prêt.

L'expérience à appris qu'avec le chauffage au gaz la chaleur opère généralement et également sur toutes les parties de la viande à la fois ; jamais elle ne se brûle, elle cuit bien plus vite, et ses qualités nutritives sont non seulement conservées, mais tellement bien préparées que les mets ainsi cuits, sont d'un goût bien supérieur et plus nourissants. Il est reconnu de plus, que les viandes cuites au gaz perdent environ, 60 grammes de moins par kilogramme, que celles dont la cuisson s'est faite au bois ou au charbon.

L'usage des appareils de *cuisine à gaz* est des plus simples, en quelques minutes, la première servante venue, est au courant. N'ayant pas à surveiller le feu, une fois le robinet réglé convenablement, la cuisson s'opère régulièrement et rapidement.

On voit maintenant, chez tous les marchands de vin, cafetiers, limonadiers, et même chez les restaurateurs, des appareils chauffant par le gaz, le bain marie pour le punch, le café, le thé, etc. Ces appareils qui fonctionnent depuis le matin jusqu'à une heure avancée de la nuit, occasionnent une faible dépense en raison du petit nombre de jets qui suffisent à entretenir l'eau d'un bain marie à une température de 90 D environ, pour communiquer d'une manière constante aux sirops et aux liquides préparés la chaleur qui leur est nécessaire.

On dépense en moyenne dans les grands appareils, 30 litres de gaz pour élever de 0 à 100 degrés, un litre d'eau ; 40 litres dans les petits appareils, en 15 minutes 30 secondes. Le chauffage d'un bain dure 30 minutes et la dépense du gaz ne dépasse pas 0 fr. 35.

Chauffage au Gaz.

Ce n'est pas seulement à la cuisson des aliments que l'on peut employer avec avantage la combustion du gaz. On l'emploie encore au chauffage des appartements On fabrique des intérieurs de cheminées où la fonte et la terre imitent le bois ; et où le gaz s'échappant par des orifices artistement ménagés, et garnis d'amiante, produit l'effet du feu de bois, ce qui est fort agréable à la vue.

On fabrique également des calorifères de toutes formes, dans lesquels le Gaz sert à la fois, au chauffage et à la ventilation ; on excelle aujourd'hui dans l'art de combiner les Appareils de chauffage pour tous les besoins industriels.

Il existe un nombre considérable d'Industries, dans lesquelles on fait usage du Gaz, soit pour le chauffage des fers et outils, soit pour celui des préparations à employer pour la soudure, la galvanoplastie, la bijouterie etc.., etc..,

Dans toutes ces industries, on a reconnu que l'emploi du Gaz, est plus propre, plus commode, plus économique, que tout autre mode de chauffage.

Moteurs à Gaz.

L'emploi des *Moteurs à Gaz*, va se généralisant chaque jour, parmi les petites industries modernes ; cette machine ingénieuse offre tant d'avantages, tant de sécurité, tant de simplicité dans la mise en marche, que l'on comprend facilement, qu'elle ait détrôné la machine à vapeur, dans tous les ateliers, où la force motrice nécessaire ne dépasse pas dix chevaux vapeur.

En effet, ce moteur est très-simple, voici en quoi il consiste : un branchement qui amène le Gaz, un piston qui se meut dans un cylindre à tiroir, dans lequel le Gaz se mélange à l'air dans une proportion donnée. Un bec de Gaz comme une bougie, qui enflamme le mélange, enfin un volant ; et voilà toute la machine à Gaz.

Avec un pareil moteur, il n'y a point de danger d'explosion, aucune autorisation préalable à demander, il ne faut point de cheminée spéciale, enfin pas d'approvisionnements de charbon, pas de foyer, pas de chaudière encombrante et dangereuse.

Le moteur se déplace comme un meuble, en cas de changement de local. La machine est très-élégante, très-propre, elle peut fonctionner dans un salon sans inconvénient. Comme emplacement, il suffit d'un mètre carré de surface. Sa mise en marche est instantanée, il suffit d'ouvrir un robinet, de donner l'impulsion au volant, et la machine fonctionne. Pour l'arrêter, il suffit de fermer le robinet, et ainsi le moteur ne dépense que lorsqu'il travaille.

Il exige peu de graissage et un entretien simple et facile.

Les avantages que réunit ce moteur, en ont répandu l'usage dans tous les ateliers, à Paris, Lyon, St-Etienne, les Tourneurs de roue ont été remplacés dans tous les ateliers, par les machines à gaz.

Mise en comparaison avec le tourneur de roue la machine à gaz est une économie immense.

L'homme fait à peine 10 kilogrammètres par seconde ; la machine à gaz fait 75 kilogrammètres pendant le même temps.

Ajoutons que la machine est *docile* et *sobre;* si pour une cause quelconque, le travail s'arrête, on ferme le robinet et la machine ne coûte rien.

Lithographie.

Dans la *lithographie,* les presses à tirage continu, avant les machines à gaz, étaient mues à bras ; le tourneur de roue était payé 0 fr. 30 l'heure, il pouvait faire rendre à la presse 300 à 360 épreuves à l'heure.

Quand la presse ne « *roulait* » pas, pendant les calages, les mises en train, la dépense était toujours la même.

Bien souvent même, on était obligé d'assurer des moitiés de journées au tourneur de roue, pour être sûr de l'avoir à sa disposition, au moment du tirage ; et encore ! ! manquait-il souvent. Avec la *machine à gaz,* on obtient facilement, une vitesse de 9 à 10 épreuves par minute, soit 540 à 600 à l'heure ; c'est-à-dire le DOUBLE de la production obtenue avec le tourneur de roue. La dépense de la machine par chaque heure de travail ne dépasse pas *15 centimes,* c'est à dire qu'avec une dépense *moitié moindre* on produit *le double !* Les arrêts, les chômages, les calages, les mises en train ne coûtent rien, une allumette, et voila tout.

Eaux gazeuses. Glacières.

La fabrication des Eaux de seltz, présente encore un exemple frappant de la supériorité des machines à gaz sur les autres forces motrices.

Dans la fabrication de *l'eau de seltz* et des autres boissons gazeuses, il y a une intermittence forcée, le débit suit la température, et le travail diminue ou double du jour au lendemain. Pour emplir et tenir prêt à l'avance un certain approvisionnement de siphons, il faut un matériel considérable. Il faut donc emplir les bouteilles et siphons, aussitôt rentrés à la fabrique, pour les distribuer dans le plus bref délai possible. Un tourneur de roue coûte cher, et il n'est pas toujours suffisant pour alimenter un tirage rapide à haute pression ; une machine à vapeur devrait être tenue en pression toute la journée pour ne fonctionner que pendant quelques instants.

De là, une dépense considérable ponr le travail fait.

La machine à Gaz, se met en route au moment voulu, instantanément, elle s'arrête de même ; elle a l'avantage inappréciable pour cette industrie et surtout à Ajaccio, de ne pas donner de chaleur.

C'est la seule force motrice qui permette a une petite fabrique d'Eaux gazeuses, de réaliser des bénéfices, qui échappent à ceux qui sont obligés de faire tourner à bras.

Comparaison entre le prix de revient du travail obtenu au moyen d'un cheval attelé à un manége et celui que l'on obtient en employant un moteur à Gaz horizontal.

Nous ferons d'abord remarquer que la force effective d'un moteur de un cheval-vapeur équivaut à peu près à la force de deux chevaux ordinaires. Par suite, le prix d'achat du moteur étant à peu près le même que celui de deux chevaux ordinaires ; à force égale, *le moteur à Gaz* n'est pas plus coûteux d'acquisition que le moteur animé. Mais la dépréciation annuelle subie par un cheval est très-considérable, il est en outre exposé à toutes sortes d'accidents maladies, et mortalité ; qui exposent son propriétaire à des chomages et à des pertes.

Le moteur à Gaz, au contraire, ne s'use que d'une manière insignifiante et sa durée est pour ainsi dire indéfinie.

Au point de vue du premier établissement, l'avantage reste en définitive au moteur à Gaz horizontal.

Examinons maintenant la dépense journalière occasionnée par un cheval : La nourriture, la paille pour litière, la ferrure, l'impôt, l'entretien des harnais, le temps de l'homme qui le soigne, la location ou l'intérêt de la valeur des batiments, de l'écurie et du local où est installé le manège ; s'élèvent en moyenne à 3 fr. 50 par journée.

Mais le cheval n'étant utilisé au maximum que 300 jours par an, à cause des chômages occasionnés par les dimanches, les fêtes ou autres circonstances, il faut répartir la dépense de 65 jours de chômage sur les 300 jours de travail effectif. Nous aurons donc 65 + 3 fr. 50 = 227 fr. 50 à diviser entre 300 jours, ce qui représente par jour 0 fr. 75.

Le prix total que coûte une journée de travail d'un cheval, n'est donc pas moindre de 4 fr. 25.

La durée du travail d'un cheval attelé à un manége ne peut être supérieure à huit heures par jour, ces huit heures de travail effectif coûtant 4 fr. 25, l'heure revient à 0 fr. 50 environ.

Or, un moteur à gaz horizontal de la force d'un cheval-vapeur, qui est équivalent comme nous l'avons vu, à la force de deux chevaux ordinaires, ne dépensera qu'un mètre cube de gaz à l'heure ; soit *trente cinq centimes, par heure* au lieu de *cinquante* que coûte l'heure d'un cheval attelé au manège.

On obtiendra ainsi une force *double*, tout en dépensant *quinze centimes de moins par heure.*

Si l'on ne fait produire à ce même moteur à gaz que la force équivalante à celle du cheval attelé au manège, il ne dépensera que 600 à 650 litres de gaz à l'heure, c'est-à-dire environ de *vingt à vingt-cinq centimes, au lieu de cinquante centimes.*

Le moteur à gaz, horizontal procure donc une économie de 50 0/0 sur le travail produit par cheval attelé à un manège.

Nous pourrions multiplier ces exemples, qui deviennent chaque jour plus nombreux, car la machine à gaz est employée maintenant dans toutes les industries notamment chez les *Imprimeurs*, *Lithographes*, *Typographes*, *Fabriquants d'eaux gazeuses*, *Distillateurs*, *Scieries mécaniques*, *Fabriques de pâtes alimentaires, Fabriques de chocolat*, dans les *Hôtels* pour monter les plats, les bagages et les voyageurs, pour actionner les *Pompes* etc. etc.

Après avoir annoncé le rabais considérable que nous offrons aux Consommateurs de gaz, nous avons voulu donner une idée des nombreux emplois du gaz, soit pour *l'Eclairage* soit pour le *Chauffage domestique* et *Industriel*, soit pour la *Force motrice.*

Nous fournirons, aux personnes qui en feront la demande tous les tarifs et les détails nécesaires pour les installations d'Appareils et de Moteurs les plus perfectionnés.

Adresser les lettres et demandes à l'Administrateur Gérant de l'Usine à Gaz d'Ajaccio.

BÉGHIN

Ingénieur Civil.

USINE A GAZ D'AJACCIO.

TARIF DU PRIX DU GAZ

Branchements extérieurs, plombs, compteurs, appareils et accessoires.

Gaz. — Le prix du Gaz est fixé à 0,42 centimes le mètre cube payable mensuellement sur quittance présentée au domicile de l'abonné. **A dater du 1er juillet 1883 ce prix sera réduit à 0 fr. 35 c.** pour les personnes qui auront souscrit les nouvelles polices d'abonnement pour cinq ans au moins.

Embranchements en PLOMB (dans la terre jusqu'à 6 mètres de longueur). — Comprenant jonction sur la conduite principale, joints, robinet et porte d'ordonnance, tranchée, remblai, pavage, cage de robinet d'ordonnance, rosace, rainure et perçage du mur pour introduction à l'intérieur :

	Vente :	Location
de 1 à 3 Becs.	30 fr.	0,25 par mois.
» 4 à 5 »	40 »	0,35 »
» 6 à 10 »	54 »	0,45 »
» 11 à 20 »	78 »	0,65 »

Compteurs POIÇONNAGE COMPRIS

		Robinet	Pose	Total. Vente.	Location.
de 3 Becs.	48 fr. »	4 fr. 50 c.	1 fr. »	53 fr. 50	0,75 par mois.
5	60 50	» 5 »	» 1 50	» 67 »	1. » »
10	77 50	» 7 »	» 3 »	» 87 50	1,50 »
20	103 50	» 10 »	» 5 »	» 118 »	2. » »
30	134 »	» 15 »	» 8 »	» 157 »	3. »

NOTA. — Les prix des branchements et compteurs ne sont applicables qu'aux abonnés qui se feront installer par l'Administration de l'usine. Les factures d'installations et de fournitures sont payables au comptant sans rabais et suivant les tarifs établis.

Robinet d'Ordonnance. — Pour tous calibres, prix de l'entretien par mois 0,25.

Plombs à L'INTÉRIEUR. — Fourniture pose, soudures et crochets compris :

Diamètre 14 millimètres.	1,20 le mètre.
» 20 »	1,90 »
» 27 »	2,75 »
» 33 »	3,50 »
» 40 »	5 » »

Appareils.

Pipe d'atelier, tige de 1 mètre et bec papillon	6,50 la pièce.
Lyre simple, tige de 1 mètre bec éventail, bougie et fumivore, cuivre ou porcelaine.	10, » »
Lyre avec rinceaux, tige de 1 mètre, bec cylindrique, cheminée fumivore et abat-jour en opale	18 » »
Genouillère a 1 mouvement, modèle fort, avec porte-bec et bec éventail	6,50 »
Genouillère a 2 mouvements, modèle fort, avec porte-bec et bec éventail	9 » »
Genouillère a 3 mouvements, modèle fort, avec porte-bec et bec éventail	12 » »
Plus value pour bec cylindrique, cheminée, fumivore porcelaine et abat-jour opale de 27 centimètres	8 » »
Patère bois scellé	0,50 »
Bec régulateur économique breveté	5 » »

Accessoires.

Raccord d'appareil ou du plafond avec patère posé et soudé	2 » la pièce.
Perçage de murs de 0,50 d'épaisseur, ragarnissage compris	2.50 »
» de cloison ou de planchers	0,80 »
Rainure sur murs, cloisons et plafonds regarnissage compris	0,70 le mètre.
Raccord carré, vis pour siphon avec bonchon	2,25 la pièce.
Tige d'appareil unie	5 » le mètre.
Un globe Bronner complet	5 » la pièce.
Une cheminée à gaz 1/2 cristal	0,60 »
Un fumivore ordinaire	1,50 »
Plombier appareilleur	0,80 l'heure.

L'Administration de l'usine rappelle aux abonnés que seule elle a le privilège exclusif de la fourniture des compteurs et des embranchements, et qu'elle ne peut garantir un bon fonctionnement d'éclairage qu'autant qu'elle aura fait l'installation intérieure et extérieure. Les abonnés peuvent faire exécuter les installations intérieures par les ouvriers de leur choix mais sous leur propre responsabilité. Toutefois et afin d'éviter des erreurs les habitants sont informés que pour obtenir un bon éclairage et se conformer aux ordonnances officielles qui régissent la distribution du gaz chez les particuliers, les dimensions des conduites doivent être les suivantes :

DIMENSIONS DES PLOMBS POUR UN BON ÉCLAIRAGE

de 1 à 10 becs

Branchement et plomb intérieur jusqu'au plafond........ 0,027
Tuyau de distribution pour 1 bec........ 0,0135
— — 2 à 5 becs........ 0,0203
— — 6 à 10 becs........ 0,0270

de 11 à 20 becs

Branchement et plomb intérieur jusqu'au plafond........ 0,034
Tuyau intérieur de 1 à 10 becs comme ci-dessus :
De 11 à 20 becs........ 0,034

de 21 à 30 becs

Branchement et plomb intérieur jusqu'au plafond,........ 0,040
Tuyau intérieur de 1 à 20 becs comme ci-dessus :
De 21 à 30 becs........ 0,040

de 31 à 50 becs

Branchement extérieur et plomb intérieur jusqu'au plafond........ 0,054
Tuyau intérieur de 1 à 30 becs comme ci-dessus :
De 31 à 50 becs........ 0,054

Les dimensions ci-dessus devront être proportionnellement augmentées lorsqu'il s'agira d'un éclairage de plus de 50 becs, elles devront être également modifiées selon les circonstances lorsque les lieux à éclairer seront éloignés de la conduite principale de 20 mètres et lorsque les becs seront placés dans les caves ou autres emplacements situés en contrebas du sol de la voie publique.

Lorsqu'on exécute dans les rues, des travaux d'égoûts, de pavage, de trottoirs ou de pose de conduite d'eau, les consommateurs au-devant desquels ces travaux s'exécutent feront bien de s'assurer que les branchements qui leur fournissent le gaz ne soient pas en dommagés ni déplacés par ces travaux et dans le cas contraire, d'en donner connaissance à l'Administration de l'usine.

Le gaz ne sera mis à la disposition de l'abonné qu'après la constatation que les conditions ci-dessus ont été remplies, et qu'une police d'abonnement aura été signée.

Dans le cas contraire l'Administration se réserve le droit de ne pas fournir l'éclairage.

Pour plus amples informations, pour tout ce qui concerne l'administration, la vente du coke et du goudron, s'adresser à l'usine à Gaz.

Le prix du Coke est fixé pour la qualité ordinaire à 3 fr. les 100 kilos pris à l'usine.
— pour le Coke cassé à 3 fr. 50 c. les 100 kilos —
— Le transport se paie 0,10 par sac.

Le tout au comptant et sans escompte.

L'Administrateur-Gérant,
BÉGHIN.

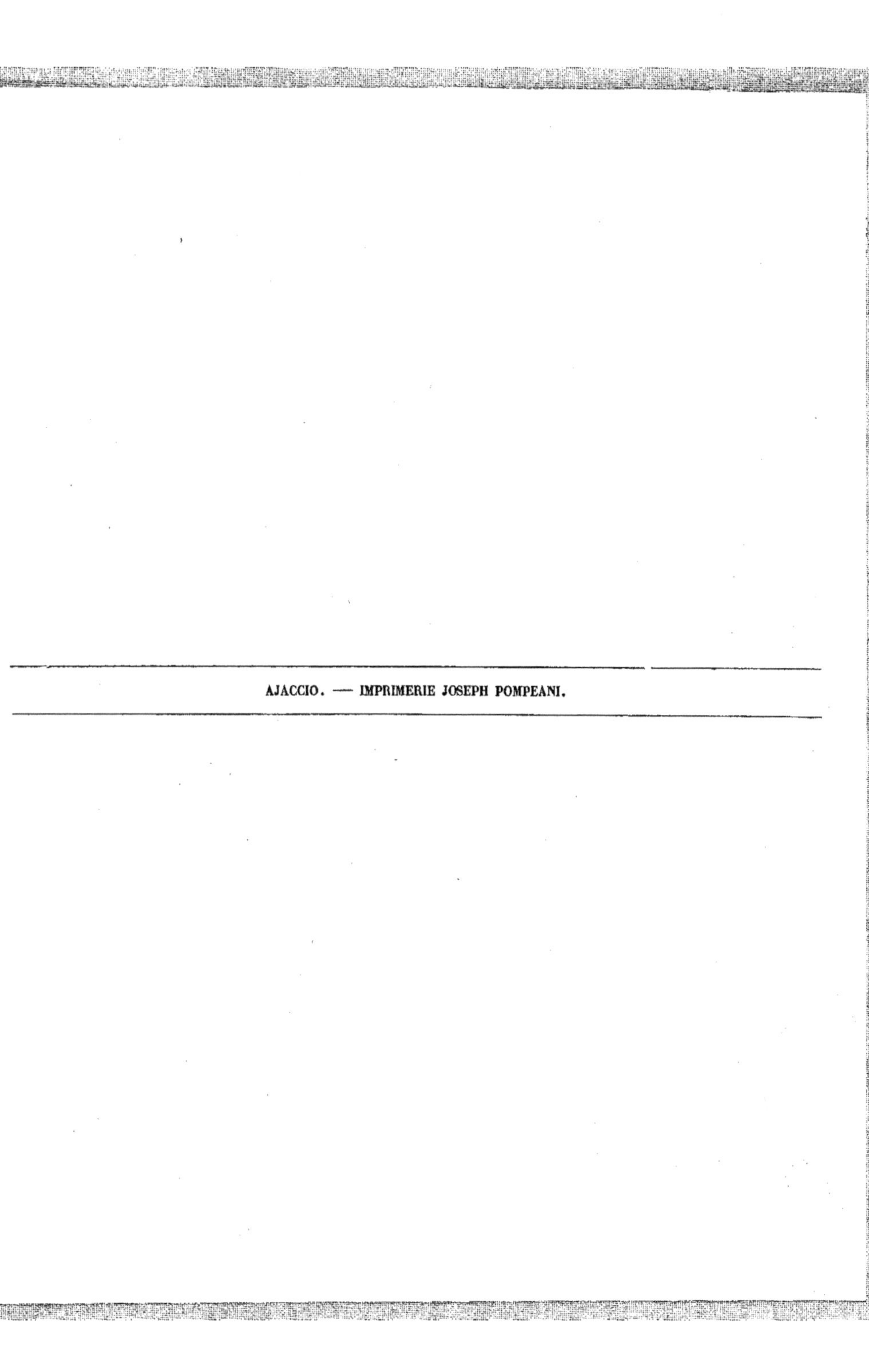

AJACCIO. — IMPRIMERIE JOSEPH POMPEANI.

www.ingramcontent.com/pod-product-compliance
Lightning Source LLC
LaVergne TN
LVHW010345230826
846091LV00009B/4038

* 9 7 8 2 0 1 9 9 7 2 7 6 9 *